Directo al Punto

—

Un Viaje a Su Presencia

OLGA I. HERNANDEZ

WESTBOW
PRESS®
A DIVISION OF THOMAS NELSON
& ZONDERVAN

Puede hacer pedidos de libros de WestBow Press en
librerías o poniéndose en contacto con:

WestBow Press
A Division of Thomas Nelson & Zondervan
1663 Liberty Drive
Bloomington, IN 47403
www.westbowpress.com
1 (866) 928-1240

ISBN: 978-1-9736-8243-1 (tapa blanda)
ISBN: 978-1-9736-8242-4 (tapa dura)
ISBN: 978-1-9736-8244-8 (libro electrónico)

Número de Control de la Biblioteca del Congreso: 2019920651

Información sobre impresión disponible en la última página.

Fecha de revisión de WestBow Press: 02/12/2020

¿Quiere usted tener intimidad con el Señor? En este libro le recordaré algunos conceptos que ya usted conoce. Si usted los sigue, estos lo pondrán de vuelta en su carrera por la vida eterna.

Este libro ha sido traducido al español por:
Gerardo J. Fernández-Blanco

Nota sobre citas de Versículos Bíblicos

Las citas de versículos bíblicos usadas en este libro son tomadas de las siguientes traducciones:

Nueva Versión Internacional (NVI): derechos reservados © 1973, 1978, 1984, 2011 por Bíblica, Inc. ™ Usada con permiso de Zondervan. Todos los derechos reservados a nivel mundial. www.zondervan.com

Reina de Valera 1960 es 99.9% paralela a la Versión de King James, razón por la cual se estará utilizando, ya que no hay una versión en español.

Versión Reina-Valera 1960 © Sociedades Bíblicas en América Latina, 1960. Renovado © Sociedades Bíblicas Unidas, 1988.

Dedicatoria

He sido bendecida, pues muchas personas han
contribuido de una manera u otra a este libro:

Primero que todo, Mi Dios y Señor,
quien me forjó a ser quien soy.

Mi madre, Áurea, una mujer fuerte,
quien me enseñó valores.

Mi amada hija, Aurelys, con la esperanza de
que siempre tome las decisiones correctas.

Usted, el lector. Tengo la firme esperanza de que
el Señor arreglará lo que ha sido trastocado.

Índice

Introducción

Yo soy una verdadera creyente en Jesús. Yo creo que Él es parte de la Trinidad-la Trinidad que creó este Universo. Yo fui creada a Su imagen y semejanza, y es mi intención adorarlo en todo momento y en toda forma posible con mi cuerpo, mi corazón, mi alma, mi espíritu y mi mente. Amo sentir su Gloria cuando me le acerco. Cuando tengo que tomar una decisión, cuando tengo problemas y no sé qué hacer o cómo empezar a resolverlos. Amo estar emocionalmente envuelta con Él cuando oro en silencio, ya sea que esté experimentando enfermedad, desesperación, ansiedad o confusión. Amo sentirlo cerca de mí por las noches cuando no puedo dormir o me siento atribulada. Sé que puedo contar con Él en todo momento porqué Él es un Dios de amor, compasión y perdón. Fui creada para adorarlo. Las Escrituras dicen en el Libro de Revelación, capítulo 19, que el Señor es constantemente alabado en los

Cielos, día y noche. Esa es la actitud que nosotros debemos tener con nuestro Todopoderoso y Santo Dios.

Como seres humanos, esperamos atención indivisa cuando interactuamos con otras personas. Apreciamos ser oídos y que se nos conteste. A veces, hasta esperamos que los otros hagan lo que le ordenamos, aconsejamos o, simplemente sugerimos. Pero muchas veces es duro para nosotros reciprocar lo que exigimos que otros hagan.

Como cristianos, necesitamos estar conscientes que, con el propósito de tener una relación verdaderamente íntima con el Señor, tenemos que preparar nuestros cuerpos. Nosotros tenemos que comprometernos en esta limpieza de nuestros cuerpos porque Su presencia es santa y nosotros no podemos estar frente a Él estando impuros o sintiéndonos culpables. Es por esta razón que nosotros tenemos que limpiar nuestros sucios ojos por mirar lo que no estamos supuestos a mirar, nuestras sucias manos por tocar o coger lo que no estamos supuestos a tocar o coger, nuestras bocas por decir cosas que no debíamos haber dicho, nuestras mentes por pensar lo que no debíamos haber pensado o haber querido hacer y nuestros pies por caminar hacia donde no debíamos haber caminado.

Algunas veces todo esto puede parecer complicado y difícil, pero entonces me digo, *"Yo tengo el Espíritu Santo. Él es mi ayudador, mi guía, mi consejero, mi protector y mi defensor. No necesito nada más que una actitud sincera cuando pido perdón por las cosas que no debí haber hecho y por las que debí haber hecho que no hice".* Nosotros tenemos que despojarnos de todo lo que es incorrecto a los ojos del Señor. A través de la sangre derramada en la cruz, nosotros fuimos purificados y dados nuevas vestiduras, que son tan blancas y resplandecientes que no existe detergente que pueda hacerlas más brillante. Yo amo a mi Señor; Él es incomparable a cualquier otra cosa. Él es eterno y Su amor es incondicional y no hay barreras. Y lo más importante de todo, Él está disponible 24/7. ¿Si yo tengo un Dios así, por qué no adorarlo exactamente de la misma manera?

A través de este libro, continuaré hablando de nuestra presencia ante el Señor. Explicaré cómo, por qué, donde, qué y cuándo nosotros podemos tener esta actitud de adoración. Definiré y compararé lo que se entiende como koinonia en nuestra sociedad con lo que es una koinonía en el mundo espiritual. También definiré el acrónimo "Fellowship" (Koinonía) y explicaré lo que significa cada término individualmente.

Es muy recomendable que usted use la Santa Biblia como referencia según usted vaya leyendo este libro de forma que pueda asegurarse de que las Escrituras son muy claras y usted comprenda lo que se espera de nosotros como hijos de Dios. También, he creado una página de ejercicios para cada uno de los tópicos. Estos ejercicios son una mezcla de preguntas, dibujos y juegos de palabras. El propósito es hacerlo consciente en lo más profundo de su corazón en qué áreas necesita usted mejorar y que actitudes y comportamientos deben ser eliminados de su vida.

Además, usted verá la frase "tómese un momento" en algunos de los capítulos. El propósito de esta pausa es permitirle un tiempo de discusión si está leyendo el libro como parte de un grupo. Si usted está leyendo el libro por su cuenta, esta pausa proveerá la oportunidad para detener la lectura y ver en su corazón como el tópico leído aplica en su vida. Aunque este es un libro corto, por favor léalo semanalmente y, de una semana a otra, aplique lo que vaya aprendiendo. Luego de seis a doce meses, conteste nuevamente las preguntas sin mirar sus respuestas iniciales. De esta manera, usted podrá medir su crecimiento.

No pretendo dictar un curso sobre la definición de "Fellowship" (Koinonía). Mi propósito exclusivo es relacionar el acrónimo "Fellowship" con el mundo espiritual de forma que usted pueda recordar, comprender y estar receptivo a la idea de que, con la combinación de adoración y koinonía, usted tendrá una relación perfecta e íntima con el Todopoderoso. Bendiciones.

Olga I. Hernández

Hija del Todopoderoso.

Capítulo 1

¿QUÉ ES KOINONÍA?

"FELLOWSHIP"

"Fellowship" (Koinonía) puede ser definido como una asociación, fraternidad u organización. Es creada para un propósito específico, que está basado en una misión y unos objetivos. Los miembros de una hermandad son productivos porque todos los miembros comparten las mismas metas de pensamiento y acción, y esperan el mismo resultado de la misión prevista de la hermandad.

Usualmente, las hermandades establecen objetivos a corto y largo plazo que son oportunidades que varían de mes a mes y de año a año. Ellas están enfocadas en desarrollar a sus miembros de forma que alcancen la meta. Y, la mayoría de las hermandades tienen un código de regulaciones junto a un código de ética, que sirve de guía de cómo vivir y actuar.

A nivel espiritual, nosotros también tenemos un código de regulaciones que es la Santa Biblia, y un código de ética, que son los Diez Mandamientos. Estos últimos aparecen en el libro de Éxodo, así como en los primeros cuatro libros del Nuevo Testamento, que fueron enseñados directamente por el Maestro de Maestros, nuestro Jesús.

En términos espirituales, cuando nosotros tenemos una relación íntima con Dios, estamos en comunión con Él. Para nosotros, los cristianos, la palabra "Fellowship" puede ser definida con un acrónimo. Nosotros veremos como la fe en Dios nos empuja hacia Él y no alejarnos de Él. Como nosotros manejamos la resistencia nos ayudará a crecer en la fe.

¿Qué es Amor? Discutiré el amor a la luz de las Escrituras. Debido a Luz de su Gloria, descubriremos y reconoceremos que debemos ser agradecidos por todas las cosas buenas y malas que nos suceden. Ser obedientes es muy importante. Jesús obedeció hasta su último suspiro. Entender todo más allá de la adoración. Entender su decoro y pedir sabiduría le ayudará acercarse a la soberanía de la gracia con la actitud correcta.

Nosotros necesitamos entender que todo tiene su tiempo y lugar, y que lo que nosotros hablamos y decimos también tiene su tiempo y lugar. Jesús fue humilde. Su carácter está muy bien descrito en la Santa Biblia y eso es lo que debemos imitar. La intimidad y cómo perder el temor a estar en su presencia son muy importantes. Nosotros discutiremos estos puntos a través de este libro. Por último, entenderemos cómo y porqué nosotros podemos orar para ganar la paz que nos traerá gozo y felicidad.

El gozo en el Señor es muy importante porqué es la percepción que otros verán en nosotros. En mi opinión, gozo y felicidad son parecidos en nuestras vidas cotidianas, pero son muy diferentes en el mundo espiritual. El gozo en el Señor es algo que pue'de convertirse en permanente si trabajamos en el diariamente, mientras que la felicidad es algo temporero.

ACRÓNIMO

F –	Faith	Fe
E –	Endurance	Resistencia
L-	Love	Amor
L-	Light of Glory	Luz de Gloria
O-	Obedience	Obediencia
W-	Worship with Wisdom	Adoración con Sabiduría
S-	Speech	El Hablar
H-	Humility	Humildad
I-	Intimacy	Intimidad
P-	Prayer	Oración

Capítulo 2

FE

"FAITH"

De acuerdo con la Biblia, sin fe es imposible agradar al Señor. Le digo que, si usted tiene fe, usted tiene ya la base para una buena relación con Él. ¿Cómo podemos nosotros tener fe? Bueno, esa es una pregunta muy difícil de contestar, pero mirémosla desde otra perspectiva. Si nosotros queremos tener una buena relación con otra persona, nosotros observamos como esa persona piensa, actúa y habla, y estudiamos sus intenciones. Si esa persona piensa y actúa de manera positiva y sin herir o lesionar otras personas, podemos inferir que es una buena persona. Pero, si esa persona piensa y actúa positivamente, pero tiene malas intenciones hacia los demás, entonces él o ella pueden ser descalificados. Créame, usted no abrirá su corazón o considerará establecer una relación con dicha persona.

Las relaciones están basadas en experiencias diarias con la otra persona de forma que usted pueda llegar a conocerlo o conocerla bien. La honestidad es muy importante en una relación. Usted debe ser primero honesto consigo mismo antes de que pueda ser honesto con otros. La comunicación y el respeto son otros detalles que son muy importantes en una relación. Así que usted necesita conocer una persona muy bien, no sólo la parte externa, sino también la interna, para saber exactamente como esa persona actuará o reaccionará en una situación en particular. Usted puede ver esto en los matrimonios o relaciones de larga duración. Si usted ha estado en una relación con una persona por un período de tiempo de cinco a diez años, usted prácticamente sabe lo que esa persona va a decir o hacer antes que lo diga o lo haga. Además, en la Biblia, en Génesis 2:24, leemos: "Por eso el hombre deja a su padre y a su madre, y se une a su mujer, y los dos se funden en un solo ser" (NVI). Esto es también repetido en Efesios 5:31.

¿Qué dice la Biblia acerca de la fe? Hay más de ochenta versículos bíblicos que nos animan o incentivan a tener fe. He aquí algunos ejemplos:

> "Ahora bien, la fe es la garantía de lo que se espera, la certeza de lo que no se ve." (Hebreos 11: 1 NVI). (Por favor, continúe leyendo hasta el versículo 40)

> "Pero la Escritura declara que todo el mundo es prisionero del pecado, para que mediante la fe en Jesucristo lo prometido se les conceda a los que creen." (Gálatas 3:22 NVI)

> "He sido crucificado con Cristo, y ya no vivo yo, sino que Cristo vive en mí. Lo que ahora vivo en el cuerpo, lo vivo por la fe en el Hijo de Dios, quien me amó y dio su vida por mí." (Gálatas 2:20 NVI)

"—Puedes irte "le dijo Jesús"; tu fe te ha sanado. Al momento recobró la vista y empezó a seguir a Jesús por el camino." (Marcos 10:52 NVI)

"He optado por el camino de la fidelidad, he escogido tus juicios." (Salmo 119:30 NVI)

"—Porque ustedes tienen tan poca fe "les respondió". Les aseguro que, si tienen fe tan pequeña como un grano de mostaza, podrían decirle a esta montaña: "Trasládate de aquí para allá", y se trasládara. Para ustedes nada sería imposible." (Mateo 17:20 NVI)

También hay en la Biblia otros versículos que hablan de la fe sin usar la palabra, incluyendo los siguientes:

"Que el Dios de la esperanza los llene de toda alegría y paz a ustedes que creen en él, para que rebosen de esperanza por el poder del Espíritu Santo." (Romanos 15:13 NVI)

"Porque tanto amó Dios al mundo que dio a su Hijo unigénito, para que todo el que cree en Él no se pierda, sino que tenga vida eterna.

¹⁷ Dios no envió a su Hijo al mundo para condenar al mundo, sino para salvarlo por medio de Él." (Juan 3:16-17 NVI)

Otra forma de decirlo es ésta: Imagínese que usted está en la cárcel, va a juicio, es encontrado culpable y sentenciado a muerte. Justo en el momento que usted va a ser ejecutado, alguien atrás suyo dice, "¡Esperen! ¡Esperen! ¡Yo tomaré su lugar!" ¿Cómo usted reaccionaría? ¿Correría usted tan rápido como es capaz y se escondería? O, ¿miraría usted hacia atrás para ver quien está dispuesto a tomar su lugar y decirle, por lo menos, "gracias" para demostrar su gratitud? ¿Cómo podríamos pagar una semejante demostración de amor?

Nuestra fe nos lleva a entender que Jesús ya tomó nuestro lugar cuando murió en la cruz por usted y por mí.

Tómese un momento.

El Señor también ha prometido que nos dará el espíritu de temor en nuestros corazones. En Jeremías 32:40-41 (NVI), la Escritura establece:

> "Haré con ellos un pacto eterno: Nunca dejaré de estar con ellos para mostrarles mi favor; pondré mi temor en sus corazones, y así no se apartarán de mí. Me regocijaré en favorecerlos, y con todo mi corazón y con toda mi

alma los plantaré firmemente en
esta tierra."

Nosotros tenemos que pedirle al Espíritu Santo que nos
ayude en este acto de temor para nosotros ligar nuestros
corazones con el corazón del Señor. El Salmo 86:11 NVI
dice: "Instrúyeme, Señor, en tu camino para conducirme
con fidelidad. Dame integridad de corazón para temer tu
nombre." De nuevo, la Biblia no usa la palabra *temor* como
sinónimo de *tener miedo*, sino como un acto de reverencia,
respeto y gratitud por quién es Él.

Demos un vistazo a Hebreos 12:28-29(RVR1960)

> "Así que, recibiendo nosotros un
> reino inconmovible, tengamos
> gratitud, y mediante ella sirvamos
> a Dios agradándole con temor y
> reverencia, [29] porque nuestro Dios
> es fuego consumidor."

Proverbios 1:7(NVI) establece: "El temor del Señor es
el principio del conocimiento; los necios desprecian la
sabiduría y la disciplina."

Como cristianos, no podemos temer al Señor, pues Él ha
prometido en Romanos 8:38-39 (RVR1960):

> "Por lo cual estoy seguro de que
> ni la muerte, ni la vida, ni ángeles,
> ni principados, ni potestades, ni
> lo presente, ni lo por venir, [39] ni
> lo alto, ni lo profundo, ni ninguna

otra cosa creada nos podrá separar
del amor de Dios, que es en Cristo
Jesús Señor nuestro."

Yo considero que viviendo con temor a Dios es viviendo
la vida sabiendo que él nos está observando el 100 % del
tiempo. No tenemos nada que esconder. Él lo sabe todo.
Sométase a su disciplina por tu propio bien y adórale por
quien Él es y lo que ha hecho por nosotros.

Vamos a tomar un momento para pensar sobre la fe en el
Señor.

EJERCICIOS CAPÍTULO 2

¿Qué entiende usted por fe?

¿Existe alguna situación que no tiene solución?

¿Cuándo fue la última vez que usted utilizó su fe en una situación?

¿Qué tienen en común la confianza, la creencia, la seguridad, la convicción y la esperanza?

¿Puede usted enumerar por lo menos siete situaciones mencionadas en la Biblia en que la fe haya estado involucrada?

¿Si tuviese que dibujar algo que describa la fe, que dibujaría usted?

Capítulo 3

RESISTENCIA

"ENDURANCE"

Resistencia es la habilidad para experimentar situaciones difíciles y desagradables sin rendirse. Algunos sinónimos de resistencia son tolerancia, sufrimiento, paciencia y aceptación. Resistencia puede ser definida como la habilidad para tolerar o sufrir dolor, trauma o fatiga y sanar de la experiencia.

¿Qué tienen en común la paciencia, la perseverancia, la persistencia y la resistencia? Yo digo que todas están interrelacionadas y que, también, son rasgos que los Cristianos a menudo exhiben.

Estas palabras describen como nosotros, como cristianos, necesitamos ser fieles al Señor cuando estamos en problemas o bajo presión. Necesitamos estar en constante búsqueda para tener el corazón del Señor, necesitamos ser celosos y apasionados, y tenemos que tener gran deseo y apetito por su Obra, así como devoción por ésta.

A mi parecer, pasar a través de pruebas y problemas tiene tres propósitos principales. Primero, las pruebas y los problemas nos ayudan a crecer en la Fe y madurar en la Palabra. Segundo, las adversidades pueden enseñarnos valiosas lecciones. El Señor no hace nada si no tiene un propósito único. Probablemente, usted necesita incrementar su fe o cesar de hacer las cosas por usted mismo y dejar sus pruebas y problemas en las manos del Señor.

Créame, Él siempre hará lo que es mejor para nosotros. Algunas veces no podemos ver o tener una visión clara de nuestro futuro, pero Él puede verlo todo. Él sabe lo que usted necesita cambiar para vivir por la Palabra. Tercero, el propósito de las pruebas y los problemas es cultivar la paciencia.

Estamos viviendo la "era-del-micro-honda"-todo es hecho rápido, todo el mundo quiere las cosas hechas para "ayer". Esperamos recibir en un parpadeo lo que queremos. No nos gusta perder el tiempo ni esperar. Pero, necesitamos entender que, según pasamos por las pruebas y problemas, el Señor está viendo nuestras actitudes, mirando nuestra forma de recibir estos retos. Necesitamos aprender a recibir con gozo y tener suficiente fe para poner todo en manos del Señor. Él sabe encargarse de hacer todo en su perfecto tiempo.

En Santiago 1:2-4 NVI, leemos:

> "Hermanos míos, considérense muy dichosos cuando tengan que enfrentarse con diversas pruebas, ³ pues ya saben que la prueba de su fe produce constancia.
> ⁴ Y la constancia debe llevar a feliz término la obra, para que sean perfectos e íntegros, sin que les falte nada."

Otro versículo que me gusta mucho es Colosenses 1:10-12 (NVI), que dice:

¹⁰"para que vivan de manera digna del Señor, agradándole en todo. Esto implica dar fruto en toda buena obra, crecer en el conocimiento de Dios ¹¹ y ser fortalecidos en todo sentido con su glorioso poder. Así perseverarán con paciencia en toda situación, ¹² dando gracias con alegría al Padre. Él los[a] ha facultado para participar de la herencia de los santos en el reino de la luz."

Tendremos muchos problemas en nuestras vidas y muchas veces lidiar con estos problemas no será fácil, pero recuerde que necesitamos desarrollar la actitud para resistir y tener paciencia en el Señor. Él conoce lo que es mejor para nosotros. Él sabe cuándo y por qué todo es mejor para nosotros. Él no le quitará algo a menos que Él le dé algo mucho mejor. Él no le dará nada que usted no vaya a apreciar o desconozca su valor.

Romanos 8:28 (NVI), dice:

²⁸"Ahora bien, sabemos que Dios dispone todas las cosas para el bien de quienes lo aman,[a] los que han sido llamados de acuerdo con su propósito."

La Resistencia tiene su recompensa: le cambia a usted el carácter y usted ve las cosas diferentes a cómo las ven los no-cristianos; usted madura. Último, pero no menos importante, su fe crecerá.

"Si Dios te pone en alguna situación, Él te sacará de ella".

Tómese un momento y piense acerca de la resistencia

Piense en una situación de su pasado que usted pensó no saldría victorioso o, que, para su sorpresa, salió de ella victorioso.

Piense en una situación en que usted no recibió algo que usted quería. Quizás en algún momento posterior, un mes o un año, o varios años después, de súbito usted lo recibió. Pensó entonces, ¡Wow!, *este es el momento perfecto* con razón *no lo recibí antes.*

Por favor encuentre las siguientes palabras en la tabla de abajo:

Biblia	Humildad	Moisés
Resiste	Íntimo	Hablar
Fe	Cristo	Oración
Adorar	Obediencia	Salvación
Paz	Amor	Pecado
Santo	Marcos	La Cruz
Espíritu Santo	Mateo	Luz

F	E	M	E	X	C	A	P	E	C	A	D	O
R	E	L	I	A	R	R	A	A	L	R	T	B
E	M	A	N	D	I	H	Z	U	U	N	M	E
S	A	N	T	O	S	F	K	N	A	Z	S	D
I	R	G	I	R	T	B	O	S	X	M	E	E
S	C	L	M	A	O	I	U	B	F	L	S	N
T	O	U	O	R	C	T	Z	I	F	A	I	C
E	S	Z	G	A	I	O	R	B	P	C	O	I
V	U	P	V	R	H	A	B	L	A	R	M	A
T	Q	I	I	M	R	F	N	I	G	U	A	G
A	A	P	G	O	O	H	P	A	Q	Z	T	K
S	S	D	D	Q	H	U	M	I	L	D	A	D
E	D	A	M	O	R	O	R	A	C	I	O	N

Capítulo 4

AMOR

"LOVE"

¿Qué es el Amor? Parece ser que cada persona tiene un significado diferente. La demostración de amor de Dios a este mundo tuvo un precio extremadamente alto. La Escritura indican en Juan 3:16-17 (RV1960): [16] "Porque tanto amó Dios al mundo que dio a su Hijo unigénito, para que todo el que cree en Él no se pierda, sino que tenga vida eterna. [17] Porque no envió Dios a su Hijo al mundo para condenar al mundo, sino para que el mundo sea salvo por Él".

Algunos diccionarios definen el amor como un concepto general, "amo ese vestido" o "él ama el béisbol". Puede tener un significado más profundo – amor romántico y el amor por familiares, amigos, mascotas y dioses o ídolos. Encarna la bondad humana, la compasión y afecto – preocuparse por el bienestar de otro.

La Santa Biblia describe el amor en 1ra de Corintios 13: 1-13 (NVI) de la mejor manera posible.

> "Si hablo en lenguas humanas y angelicales, pero no tengo amor, no soy más que un metal que resuena o un platillo que hace ruido. [2] Si tengo el don de profecía y entiendo todos los misterios y poseo todo conocimiento, y si tengo una fe que logra trasladar montañas, pero

me falta el amor, no soy nada. ³ Si reparto entre los pobres todo lo que poseo, y si entrego mi cuerpo para que lo consuman las llamas,[a] pero no tengo amor, nada gano con eso.⁴ El amor es paciente, es bondadoso. El amor no es envidioso ni jactancioso ni orgulloso. ⁵ No se comporta con rudeza, no es egoísta, no se enoja fácilmente, no guarda rencor. ⁶ El amor no se deleita en la maldad, sino que se regocija con la verdad. ⁷ Todo lo disculpa, todo lo cree, todo lo espera, todo lo soporta.⁸ El amor jamás se extingue, mientras que el don de profecía cesará, el de lenguas será silenciado y el de conocimiento desaparecerá.

⁹ Porque conocemos y profetizamos de manera imperfecta;

¹⁰ pero cuando llegue lo perfecto, lo imperfecto desaparecerá.

¹¹ Cuando yo era niño, hablaba como niño, pensaba como niño, razonaba como niño; cuando llegué a ser adulto, dejé atrás las cosas de niño. ¹² Ahora vemos de manera indirecta y velada, como en un espejo; pero entonces veremos cara a cara. Ahora conozco de manera imperfecta, pero entonces

conoceré tal y como soy conocido. ¹³ Ahora, pues, permanecen estas tres virtudes: la fe, la esperanza y el amor. Pero, la más excelente de ellas es el amor."

Esta es una excelente definición y es lo que se espera de nosotros como hijos del Dios Todopoderoso.

En el Viejo Testamento, el amor de Dios por la humanidad es pocas veces expresado, pero su misericordia y fidelidad están bien establecidas a través de hechos históricos, como cuando Dios sacó a los israelitas de Egipto y los guió a la Tierra Prometida.

Deuteronomio 23:5 (NVI) habla de su amor y misericordia. Dice:

⁵ "Sin embargo, por el amor que el SEÑOR tu Dios siente por ti, no quiso el SEÑOR escuchar a Balaán, y cambió la maldición en bendición."

El Señor es fiel. Lo sabemos por qué Él mantiene sus promesas y el pacto. Nosotros demostramos nuestra fidelidad cuando vivimos según lo requerido por el pacto. El concepto de la palabra fidelidad aparece en el Libro de los Salmos 127 veces. Pero, la palabra fiel tiene muchos sinónimos y muchos escritores no están de acuerdo con una sola definición de la palabra. Otras palabras relacionadas al concepto de fidelidad son fiabilidad, honestidad, sinceridad, lealtad, bondad y gracia. Ahora, todas estas palabras describen al Señor. En nuestro rol como imitadores de Jesús, estas palabras deberían también describir nuestra forma de vivir.

En el Libro de Mateo encontramos siempre a Jesús contestando preguntas y también preguntando a los fariseos y saduceos como debemos vivir. Precisamente, en Mateo 22:35-36 (NVI), un abogado le pregunta, probándolo:

35 "Uno de ellos, experto en la ley, le tendió una trampa con esta pregunta:

36 —Maestro, ¿cuál es el mandamiento más importante de la ley?"

Leemos la respuesta en Mateo 22:37-39 (NVI).

37 —"Ama al Señor tu Dios con todo tu corazón, con todo tu ser y con toda tu mente" —le respondió Jesús—. 38 Este es el primero y el más importante de los mandamientos. 39 El segundo se parece a este: "Ama a tu prójimo como a ti mismo".

Cuando Jesús se refiere al prójimo está hablando acerca de nuestros compañeros de trabajo, amigos, familiares, nuestros vecinos – todos, incluyendo nuestros enemigos. ¡Wow! A veces es difícil amar todos nuestros "prójimos".

La mayoría de nosotros ha experimentado esto y créame que es difícil. Personalmente, he pasado por todo esto en muchas ocasiones y sé que usted también. Pero, nuestro Padre nos dice que amemos nuestro prójimo como nos amamos nosotros mismos. Él no dijo: "Si tú quieres, ama a tu prójimo". No, eso no es. Pero, ¿sabe usted por qué?

Entiendo que, si Dios lo ama sin importar las circunstancias en que se encuentra o lo mucho que has pecado o has hecho mal, su amor estará siempre ahí. Es poderoso porque Él está dispuesto a perdonarlo y hacerlo mejor persona. Así es que usted tiene que darle la misma oportunidad a su prójimo, incluso hasta a sus enemigos. Jesús le perdonó, así que en reciprocidad usted tiene que perdonar a los demás. ¿Cómo puede usted pretender que todos sus pecados, errores y decisiones equivocadas sean perdonadas, pero usted no puede perdonar a los demás, especialmente cuando ellos pueden tener faltas menos graves a ser perdonadas? Por favor, lea Mateo 6:14-15 (NVI).

El amor nos manda a perdonar y olvidar, porque si perdonas pero no olvidas, entonces usted verdaderamente no ama y no ha perdonado de verdad.

La parte de olvidar es muy difícil, porque usted tiene que reparar lo que ha sido roto. Por ejemplo, en la actualidad el matrimonio es muy difícil de mantener. Esto se debe mayormente al hecho que la parte de olvidar es pocas veces lograda. Algunas veces perdonamos, pero nos permitimos recordarlo constantemente y es ahí donde fallamos.

Un recordatorio: Dios nos ama tanto que nos recibe sin importar como seamos. Pero, Él también nos mejorará en todas las formas posibles.

EJERCICIOS CAPÍTULO 4

¿Existe algún amor mayor que el amor de Dios? ¿Por qué?

Por favor, lea y escriba los siguientes versículos de la Biblia y tómese un momento para reflexionar acerca de los mensajes que estos nos proveen:

- Juan 3:16

- Romanos 5:8

- 1ra de Pedro 5:6-7

- Romanos 8:37-39

¿Puede mencionar algunas de las características del amor? Escríbalas aquí.

Capítulo 5

LUZ DE GLORIA

"LIGHT OF GLORY"

¿Qué es la Luz de Gloria? O, en otras palabras, ¿qué es la gloria de Dios? En la Biblia podemos ver muchas referencias a la gloria o la luz de Dios. Yo considero que la luz de gloria es un sinónimo de cambio.

En Éxodo 33:18-20 (NVI) leemos: -"Déjame verte en todo tu esplendor —insistió Moisés.

[19] Y el SEÑOR le respondió:

—Voy a darte pruebas de mi bondad, y te daré a conocer mi nombre. Y verás que tengo clemencia de quien quiero tenerla, y soy compasivo con quien quiero serlo. [20] Pero debo aclararte que no podrás ver mi rostro, porque nadie puede verme y seguir con vida."

Éxodo 34:35 (NVI) narra que los Hijos de Israel vieron que la cara de Moisés estaba radiante. Podemos interpretar que cuando estamos en la presencia del Señor nuestra cara y corazón cambian. A mi entender, usted está demostrando un cambio en lo más profundo de su ser. Un dicho familiar dice "si estás por Jesús, que se te note".

Hoy en día tenemos algo más glorioso que lo que Moisés tuvo y es nuestra relación directa con Dios Padre a través de Jesucristo por el Espíritu Santo. El resplandor de la cara de Moisés fue el resultado de tener sólo un atisbo de la Naturaleza de Dios. Así que, cuando los israelitas lo vieron supieron que había tenido una experiencia sobrenatural.

Cambio, cambio y cambio. Nuestras vidas tienen que cambiar. Necesitamos imitar a Jesús. Tenemos que modelar nuestro carácter a como Él actuaba – la manera que le hablaba a los demás, como los trataba, su relación con su Padre Celestial. No podemos continuar viviendo como acostumbrábamos en el pasado. Necesitamos cambiar y que la percepción que los demás puedan tener de nosotros es que nos hemos convertido en nuevas criaturas porque hemos nacido de nuevo. Las Escrituras hacen claro que es posible para el verdadero creyente en Jesús ver y entender la gloria de Dios.

Vamos a hacer claro que la gloria de Dios no es una manifestación física, sino una revelación de su naturaleza y atributos. Por lo tanto, si nosotros oramos diciendo "Señor, muéstrame tu gloria", lo que verdaderamente estamos diciendo es "Padre, dime y muéstrame quien tú eres".

Con el fin de tener una relación íntima con el Señor, tenemos que cambiar nuestra manera de vivir, debemos vivir día a día como si ese día fuese el último. Debemos ser agradecidos por nuestras vidas. Cada mañana, antes de hacer cualquier cosa, agradece al Señor y pídele que te muestre su gloria en tu vida. Cada día es un nuevo comienzo para todos porque cada día recibimos nuevas bendiciones.

Personalmente, he visto la gloria de Dios en mi vida cada mañana, estoy muy agradecida tan sólo por la capacidad de salir de mi cama sabiendo que puedo caminar, hablar, correr, ver, oír, tocar y hacer otras actividades, así como tener cosas para compartir con los demás. Estoy agradecida por mis familiares, mis amigos, mi trabajo, mi carro, hasta por mi perra Nicole. Todo lo que tenemos es porque Él quiere que lo tengamos. Y, cuando Él nos quita algo, es porque nos dará algo mucho mejor. Esta es la gloria del Señor, y es su misericordia para con nosotros. Nuestros cuerpos fueron creados perfectos. ¿Sabes acaso cuántos órganos tienes? ¿Cuántas células tienes? Y la cosa es que están interrelacionadas y trabajan en conjunto sin ningún mal funcionamiento. ¿No es esto increíble?

No espere a que su dedo, oído o pie le duela para enterarse que tiene uno. Agradezco al Señor por cada célula, músculo y órgano que tengo en mi cuerpo y proclamo que ellos han sido sanados y reforzados en el nombre de Jesús. Esto no fue fácil. He tenido que pasar por enfermedades, tribulaciones y problemas para llegar a entenderlo. Tenemos que ser agradecidos por lo que tenemos y también por lo que no tenemos. Sí, hay cosas que no tenemos. Algunas veces es porque aún no es el tiempo o porque debemos tener paciencia para llegar a tenerlas. También pudiera deberse a que estamos pidiendo cosas que no nos convienen.

En 3 Juan 1:2 (NVI), leemos, ² "Querido hermano, oro para que te vaya bien en todos tus asuntos y goces de buena salud, así como prosperas espiritualmente."

Tomase un tiempo y piense sobre la luz de gloria

EJERCICIOS CAPÍTULO 5

¿Puede usted mencionar al menos tres ocasiones a través de los años en las que la gloria de Dios ha estado con usted?

¿Qué logros ha tenido usted en su vida?

¿Piensa usted que usted merece todo lo que Dios le ha permitido que usted tenga?

Capítulo 6

OBEDIENCIA

"OBEDIENCE"

La obediencia es nuestro verdadero reflejo del amor que sentimos por Jesús. Cuando obedecemos al Señor, vivimos una vida de paz y gozo, y esto nos anima a glorificarlo en todo momento. El Salmo 128:1(NVI) establece que "Dichosos todos los que temen al SEÑOR, los que van por sus caminos."

Recuerde que, a través de la Biblia, aprendemos que aquel que le es obediente al Señor recibirá bendiciones y recompensas. A todos nos gusta ser bendecidos y recompensados. Pero, hay una historia en la Biblia que me entristece, y es la historia del Rey Saúl. Fue bendecido y amado, y tuvo muchas recompensas – hasta el momento de su desobediencia. Lea usted el libro de Samuel. No sea usted un Saúl.

Ahora, hay otra historia en la Biblia acerca de un hombre que amaba a Dios. Rara vez he escuchado prédicas acerca de este hombre. Su nombre era Ananías. ¡Wow! Él verdaderamente amó a Jesús. Veamos quien fue. Leamos en el Libro de Hechos 9:10-22 (NVI).

10 "Había en Damasco un discípulo llamado Ananías, a quien el Señor llamó en una visión.

—¡Ananías!

—Aquí estoy, Señor.

¹¹ —Anda, ve a la casa de Judas, en la calle llamada Derecha, y pregunta por un tal Saulo de Tarso. Está orando, ¹² y ha visto en una visión a un hombre llamado Ananías, que entra y pone las manos sobre él para que recobre la vista.

¹³ Entonces Ananías respondió:

—Señor, he oído hablar mucho de ese hombre y de todo el mal que ha causado a tus santos en Jerusalén. ¹⁴ Y ahora lo tenemos aquí, autorizado por los jefes de los sacerdotes, para llevarse presos a todos los que invocan tu nombre.

¹⁵ —¡Ve! —insistió el Señor—, porque ese hombre es mi instrumento escogido para dar a conocer mi nombre tanto a las naciones y a sus reyes como al pueblo de Israel. ¹⁶ Yo le mostraré cuánto tendrá que padecer por mi nombre.

¹⁷ Ananías se fue y, cuando llegó a la casa, le impuso las manos a Saulo y le dijo: «Hermano Saulo, el Señor Jesús, que se te apareció en el camino, me ha enviado para que recobres la vista y seas lleno del Espíritu Santo». ¹⁸ Al instante cayó de los ojos de Saulo algo como escamas, y recobró la vista. Se levantó y fue bautizado; ¹⁹ y, habiendo comido, recobró las fuerzas. Saulo pasó varios días con los discípulos que estaban en Damasco, ²⁰ y en seguida se dedicó a predicar en las sinagogas, afirmando que Jesús es el Hijo de Dios. ²¹ Todos los que le oían quedaban asombrados, y preguntaban: «¿No es este el que en Jerusalén perseguía a muerte a los que invocan ese nombre? ¿Y no ha venido aquí para llevárselos presos y entregarlos a los jefes de los sacerdotes?» ²² Pero Saulo cobraba cada vez más fuerza y confundía a los judíos que vivían en Damasco, demostrándoles que Jesús es el Mesías."

¿Cuál hubiera sido la historia de la Cristiandad si Ananías no hubiese sido obediente? ¿Sabía usted que la mayor parte del Nuevo Testamento fue escrita por el Apóstol Pablo?

Recuerdan, Saulo fue un enemigo de los cristianos. Ananías bien pudo haber dicho: "De ninguna manera. Yo no voy a él."

También me gusta mucho otra historia de la Biblia: la historia de Jonás. El Señor le dijo que fuese a Nínive y predicara de manera que la gente de allí pudiera aprender a arrepentirse de su forma de vida. Jonás decidió tomar otro camino – a 180 grados – a Tarsis. Él no estaba feliz con la tarea que el Señor le había encomendado porque Nínive era considerados enemigos de Israel. La historia corta es que Jonás fue arrojado del barco al océano y devorado por un gran pez. Él estuvo dentro del pez por tres días y tres noches. Y, ¿sabe usted que pasó? Él oró y pidió ayuda a Dios. El Señor escuchó sus oraciones e hizo que el pez vomitara a Jonás en la bahía de Nínive. Si el Señor te dice que hagas algo, hazlo. No pierdas tu tiempo peleando con Él, porque nunca ganarás.

Tómese un momento y reflexione acerca de la Obediencia.

EJERCICIOS CAPÍTULO 6

¿Cuántas veces usted no ha sido obediente?

¿Cuáles han sido las consecuencias de esas desobediencias?

¿Es para usted duro o difícil ser obediente? ¿Por qué?

Capítulo 7

ADORAR CON SABIDURÍA

"WORSHIP WITH WISDOM"

Puede decirse que adorar es una manera de entender quién es el Señor y como debe ser tratado. Él dijo: 14 — "Yo soy el que soy[a] —respondió Dios a Moisés—. Y esto es lo que tienes que decirles a los israelitas: Yo soy me ha enviado a ustedes". (Éxodo 3:14 NVI)

Nosotros podemos adorarlo de muchas maneras. Algunas personas piensan que adoramos cuando le cantamos al Señor y es correcto pensar eso. Pero, adoración es algo que sale de un corazón sincero. Por favor, lea Hebreos 1:1-4(NVI.

Los adoradores y coros en las iglesias no son los únicos miembros que adoran y alaban al Señor. Ellos tienen la responsabilidad de manifestar un mensaje positivo de parte del Señor. Ellos deben tener una actitud sincera porque tienen que preparar el ambiente para la prédica. Los organistas y los otros músicos hacen lo mismo. Nosotros no tocamos un instrumento ni cantamos para que todos vean lo talentosos que somos. Nosotros somos instrumentos del Todopoderoso y Él nos usa cuando y como Él quiere. Necesitamos adorarlo con sabiduría, entendiendo que, si lo hacemos, es porque Él quiere que lo hagamos de esa manera. Somos nada sin Él. Tenemos que aprender a adorarlo con sabiduría. Sea real. No finja. Él nos creó y conoce nuestras intenciones y deseos más íntimos. Así que no pierda su tiempo tratando de camuflarse usted mismo.

Santiago 1:5 (NVI) nos aconseja: [5] "Si a alguno de ustedes le falta sabiduría, pídasela a Dios, y él se la dará, pues Dios da a todos generosamente sin menospreciar a nadie".

¿La quieres? Pídesela al Señor. Créame, Él tiene suficiente para darnos, y lo mejor de todo, es gratis.

Existen otras maneras de adorar al Señor. Una de ellas es dar nuestros diezmos y ofrendas a su iglesia. Recuerde que las iglesias tienen gastos, pagan agua y luz. Algunos ministerios pueden tener autobuses o tienen que pagar renta. Las iglesias deben sostener a sus pastores, quienes siempre están ahí cuando los necesitan. Los míos siempre están disponibles 24/7. Puedo contar con ellos siempre. También, miembros de la comunidad adyacente van a las iglesias a pedir donaciones y otras clases de ayuda. Las iglesias también tienen que mostrarse hospitalarias con conferenciantes y pastores invitados.

Otra forma de adorar es dándole a alguien en necesidad. Si usted sabe que una persona necesita algo y usted lo tiene, ¿por qué entonces usted sencillamente no se lo da? No espere a que la otra persona se lo pida. Algunas personas son tímidas y no se atreven a pedir algo, pero lo peor es que usted perderá una bendición si usted no da hasta que se lo pidan. Y, cuando usted dé, no espere que le reciproquen su acción. El Señor, en su misericordia, sabrá devolverle con intereses. Mi forma de decirlo es "dar y olvidar".

Cuando dé, sea honesto con usted mismo y dé con sabiduría. No publique su generosidad. Si usted tiene la necesidad de jactarse, mejor no dé. La Biblia dice en Mateo

6:3 (NVI): "Más bien, cuando des a los necesitados, que no se entere tu mano izquierda de lo que hace la derecha…"

Hay una historia en la Biblia, en el capítulo 5 del Libro de Hechos. Es acerca de Ananías y Safira. Por favor, léala y reflexione en la misma. Pregúntese, ¿adoraron ellos con sabiduría?

Salomón escribió los Libros de los Proverbios y Eclesiastés, que son libros de sabiduría en la Biblia. Son colecciones de sabias enseñanzas basadas en el antiguo modo de vida en Israel y son de ayuda para buscar sabiduría en nuestros días.

Podemos ganar sabiduría a través del estudio de estos libros, así como de la Biblia completa. La propia Biblia así lo confirma. Lea Josué 1:8.

EJERCICIOS CAPÍTULO 7 ━━━━━━━

Por favor, lea Lucas 18:9-14

¿Cuál es la diferencia entre conocimiento y sabiduría?

¿Cómo podemos adorar con sabiduría?

Por favor, lea los siguientes versículos y medite en el mensaje de cada uno:

- Proverbios 1:7, 3:13-18 y 4:5-9

- Oseas 14:9

- Mateo 7:24

- Efesios 1:16-19

Capítulo 8

EL HABLAR

"SPEECH"

L a Biblia tiene mucho que decir acerca de las palabras que salen de nuestras bocas. Por ejemplo, los libros de Proverbios y Santiago tienen mucho en común. Ellos cubren todos los aspectos del hablar. Nos aconseja en asuntos como el mentir y decir la verdad, maldecir, alabar, jactarse, chismear y difundir rumores. Cualquier aspecto que usted pueda imaginarse, está allí cubierto.

Algunas veces hablamos cuando tenemos que hacerlo, pero algunas veces hablamos demasiado. Eso es lo que algunas personas llaman "DI". ¡Demasiada información! Una vez oí decir que hablar demasiado era síntoma de escuchar demasiado poco. Por otra parte, hay veces que necesitamos hablar, pero no decimos nada. Sé rápido para pensar, pero tardo para hablar, porque una vez la palabra es dicha, no puede ser retirada o cambiada.

Lo que nosotros decimos puede hacer a alguien feliz o triste, herido o motivado. Piense antes de hablar y asegúrese que usted está diciendo lo que es correcto, lo que es mejor y lo que es justo.

Cuando le hablamos a otra persona tenemos que tomar en consideración que está pasando en su vida. Tenemos que conocer cuáles son sus verdaderas necesidades. Hay muchas personas solitarias en este mundo, que están pasando por graves problemas o están enfermas físicamente. Ellos pueden estar afectados emocionalmente o traumatizados.

Ellos pueden carecer de amor en sus vidas, careciendo de Dios en su vida. El Libro de Santiago, en el capítulo 3:1-9 habla sobre domar la lengua. Usamos nuestras lenguas para hablar. Sin ellas no podríamos comunicarnos con claridad. La lengua puede ser utilizada como una bestia furiosa o un simpático cachorrito.

Específicamente, los versículos 4-6 (NVI) nos dicen:

4 "Fíjense también en los barcos. A pesar de ser tan grandes y de ser impulsados por fuertes vientos, se gobiernan por un pequeño timón a voluntad del piloto. 5 Así también la lengua es un miembro muy pequeño del cuerpo, pero hace alarde de grandes hazañas. ¡Imagínense qué gran bosque se incendia con tan pequeña chispa! 6 También la lengua es un fuego, un mundo de maldad. Siendo uno de nuestros órganos, contamina todo el cuerpo y, encendida por el infierno,[a] prende a su vez fuego a todo el curso de la vida".

Vamos a Proverbios 18:21. ¿Qué dice ahí?

Veamos algunos versículos bíblicos adicionales que discuten que sucede cuando y como usamos nuestras lenguas.

- Proverbios 10:14, 10:19, 11:9, 13:3, 15:23

- Job 19:2

- Salmos 5:9, 15:1-5, 140:3

- Amós 5:13

- Mateo 26:63 27:14

- Lucas 6:45

Esté bien consciente que cualquier cosa que usted diga puede cambiar la vida de otra persona para bien o para mal. Recuerde que quien cuida su lengua, mantiene su alma fuera de problemas. Algunas veces el silencio es la mejor alternativa.

Tómese un minuto y piense acerca de cómo nuestras palabras afectan al prójimo.

EJERCICIOS CAPÍTULO 8

¿Se ha dirigido usted inapropiadamente a otros en alguna ocasión? Si lo ha hecho, ¿se ha excusado? Si no lo ha hecho, todavía está a tiempo para hacerlo porque nunca es demasiado tarde.

¿Entiende usted que el tono de su voz y lenguaje corporal envían un mensaje?

¿Qué dice Proverbios 17:27?

Por favor, dibuje algo que tenga que ver con la lengua.

Capítulo 9

HUMILDAD

"HUMILITY"

C omienzo este capítulo con un versículo que discutimos ya en la sección previa. Busque Mateo 26:63 (NVI). "Pero Jesús se quedó callado. Así que el sumo sacerdote insistió: —Te ordeno en el nombre del Dios viviente que nos digas si eres el Cristo, el Hijo de Dios".

Demos un vistazo a Mateo 27:14 (NVI): [14] Pero Jesús no respondió ni a una sola acusación, por lo que el gobernador se llenó de asombro.

Usted debe estar pensando, ¿por qué estamos hablando de nuevo del hablar? Habíamos cubierto eso ya. Y es verdad, pero hay un aspecto del hablar que merece ser resaltado. Ser humilde no es ser débil o pasivo, por el contrario, es ser fuerte.

Veamos nuevamente Mateo 26:63 (NVI): "Pero Jesús se quedó callado". Ahora, ¿Quién es Jesús? ¿Piensa usted que Él podía haberle contestado al sacerdote?

Bien, como usted sabe, Jesús es el hijo de Dios, y Él decidió mostrarnos su principal característica, su humildad. Él tenía toda la autoridad del mundo para contestarle, pero no lo hizo. ¿Fue Él débil? ¡No! Él no fue débil, de hecho, siempre fue amable y humilde.

Ser humilde es estar libre de orgullo, libre de arrogancia, libre de egoísmo. Es poner a Dios primero, a los demás segundos y ponerse uno mismo en último lugar. Entienda que usted solo no puede tener éxito, usted lo necesita a Él. Recuerde que usted no tiene que ganar todas las discusiones. Despójese de la amargura, rabia, orgullo e ira. Seamos como indica la Escritura en Efesios 4:31-32.

Volvamos a Mateo 27:14 (NVI): ¹⁴ Pero Jesús no respondió ni a una sola acusación, por lo que el gobernador se llenó de asombro.

Jesús se mantuvo en silencio cuando fue falsamente acusado. ¿Piensa usted que Él pudo haberse defendido? Y, ¿Cuál fue el resultado de su silencio? La Biblia dice que el gobernador estaba bastante asombrado. ¿Piensa usted que esto creó algo de respeto hacia Jesús?

Para ser humildes necesitamos ser cuidadosos con nuestros motivos, actitudes y reacciones. Necesitamos ser fuertes para defender nuestras raíces y valores. Necesitamos someternos al Señor y pedir perdón desde lo más profundo de nuestros corazones cuando hacemos algo malo. De esta forma podemos recibir críticas sin estar a la defensiva y no ser prepotentes con aquellos quienes nos critican. No se sobreestime, sea usted un sirviente del prójimo.

Veamos ahora algunos versículos de la Biblia sobre la humildad.

- Efesios 4:2

- Santiago 4:10, 4:14-16

- 2da Crónicas 7:14

- Lucas 14:11

- Proverbios 11:2, 15:33, 27:2

- Salmos 25:9, 149:4

- Romanos 12:16

- 2da Corintios 12:9-10

EJERCICIOS CAPÍTULO 9

Escriba tres características que otros dicen que tienes.

Escriba tres cosas que no le agrada de usted mismo y que quisiera cambiar.

Cuando usted, a sabiendas hace algo mal, ¿se siente culpable? Si su contestación es NO, entonces usted está muy necesitado.

Capítulo 10

INTIMIDAD

"INTIMACY"

Cuando Jesús estaba a punto de ascender a los Cielos, Él les dijo a sus discípulos que Él se iba, pero que ellos no se quedarían solos (Juan 14: 15-16). Él dijo que era necesario que Él se fuera, pero que les enviaría la Promesa (el Espíritu Santo, el confortador o el consolador).

Como dije al principio, soy una verdadera creyente de la Trinidad. Con esto dicho y de acuerdo con mi mejor entendimiento, podemos ver como Dios, nuestro Padre, vivía entre la raza humana en los tiempos del Viejo Testamento. Él era Jesús (Dios Hijo) según establece el Nuevo Testamento, y después de su ascensión (todas las generaciones hasta el presente), Él se "hizo" Dios, el Espíritu Santo.

Esto significa que el Espíritu Santo es una persona. Una persona piensa, toma decisiones, actúa por sí mismo o misma, y tiene sentimientos. La primera vez que el Espíritu Santo es mencionado en la Biblia es en Génesis 1:1-30. Luego el versículo 26 (NVI) dice: "Y Dios dijo, "hagamos al Hombre a nuestra imagen y semejanza". Esta es una referencia en plural, no en singular.

También, cuando Isaías (Isaías 6:3) tuvo una visión del Señor sentado en el trono alto y sublime, él escuchó serafines diciendo: "Santo, Santo, Santo". ¿Utiliza él la palabra Santo tres veces para indicar que los tres estaban juntos?

Ahora, veamos que pasó cuando Jesús fue bautizado (vea lo que dice Mateo 3:16-17) NVI: [16] "Tan pronto como Jesús fue bautizado, subió del agua. En ese momento se abrió el cielo, y Él vio al Espíritu de Dios bajar como una paloma y posarse sobre Él. [17] Y una voz del cielo decía: "Este es mi Hijo amado; estoy muy complacido con Él". Aquí vemos nuevamente la Trinidad.

Veamos Mateo 28:19 (NVI)

Cuando Jesús dijo a sus discípulos de ir y predicarle a todas las naciones, Él dijo:

[19] "Por tanto, vayan y hagan discípulos de todas las naciones, bautizándolos en el nombre del Padre y del Hijo y del Espíritu Santo,"

Pero, en Hechos 5:3 (NVI), Pedro dijo:

> — "Ananías —le reclamó Pedro—, ¿cómo es posible que Satanás haya llenado tu corazón para que le mintieras al Espíritu Santo y te quedaras con parte del dinero que recibiste por el terreno?"

Ahora, mi pregunta es: ¿le mentiría usted a un carro, un libro, una bola, o un vestido? No, por qué estas son cosas que no tienen conocimiento, sentimiento, ni voluntad. Solo espero haberlo convencido de que usted debe demostrar el mismo respeto por el Espíritu Santo que por el Señor y por Jesús.

La Trinidad tiene tres atributos importantes. Yo los llamo las tres O: omnipresencia, omnisciencia y omnipotencia. ¿Qué significan estas tres palabras? Lo trataré de explicar de la manera más sencilla posible con algunos versículos de la Biblia.

Omnipresencia significa que Él está en todas partes:

> Salmos 139:7-10, Proverbios 15:3, Jeremías 23:24

Omnisciencia significa que Él lo sabe todo:

> Salmos 147:5, Isaías 40:28, Hebreos 4:13

Omnipotencia significa que Él puede hacer posible lo imposible:

> Éxodo 14:13-28, Mateo 19:26, Daniel 3:1-29

Recuerde, el Señor quiere tener una relación íntima con todos sus hijos. No podemos tener una relación íntima con alguien si no nos comunicamos con esa persona o si no confiamos en esa persona. Necesitamos tener "fe como un grano de mostaza" (Mateo 17:20 NVI) y confiar como lo hace un niño con su padre.

Pienso que algunas veces no nos permitimos tener una relación íntima con el Señor por nuestro orgullo.

Lo explicaré con el acrónimo "PRIDE" (orgullo).

P	Placer.	Siento placer por mis logros.
R	Rechazo.	Rechazo someterme al Señor.
I	Inteligencia.	Mi inteligencia es producto de mis propios esfuerzos y mis sacrificios.
D	Distancia.	Distanciarme yo mismo del Señor, es lo que me hace pecar
E	Experiencia.	Experimento el amor de Dios solo cuando lo necesito.

Con el propósito de tener una relación íntima con Dios, necesitamos sentir que queremos tenerla. Una relación es una calle de dos vías y ya nosotros sabemos que somos sus criaturas. Él nos creó de manera que Él pudiese tener una relación con nosotros y no para ser rechazado. Así que la bola está en nuestra cancha. Él es el fiel, no nosotros, pues olvidamos fácilmente nuestras promesas. Él no. Necesitamos tomar esto con seriedad y no dejar que Dios sea nuestra segunda opción. Necesitamos sacar tiempo para estar con Él — cerrar las puertas de nuestra habitación, desnudar nuestros corazones y poner todo sobre la mesa. Necesitamos practicar disciplina espiritual, que nos lleve a una vida más profunda, con propósito. Tenemos que imitar la relación que tenía Jesús con Dios, su padre.

Demos un vistazo a Mateo 27:46 (NVI). Esto me fue traído por un amigo muy cercano. Él me preguntó por qué, cuando Jesús estaba muriendo en la cruz, exclamó:

> — "*Eloi, Eloi, ¿lama sabactani?* (que significa: "Dios mío, Dios mío, ¿por qué me has desamparado?").

Le respondí que las palabras de Jesús tenían muchos significados diferentes. Pero, él me dijo uno que realmente me tocó. Él me dijo: "tú sabes que el Señor es santo y que ama al pecador, pero no al pecado. Cuando Jesús estaba en la Cruz, estaba tan lleno de nuestros pecados que su Padre que está en los Cielos no podía mirarlo. Él volvió su rostro hacia el otro lado". Dios, el Padre, no podía resistir el deseo de mirar a su Hijo. ¿Puede usted imaginarse como se sintió Jesús, abandonado por su padre en el momento que más lo necesitaba?

¡Wow! Realmente me gustó esta perspectiva y ahora, cuando leo ese versículo de la Biblia, me acuerdo de la interpretación de mi amigo. Pensemos ahora un poco acerca de esta escena de Jesús en la Cruz a través del lente del acrónimo FELLOWSHIP (Fe, Resistencia, Amor, Luz de Gloria, Obediencia, Adorar con Sabiduría, El Hablar, Humildad, Intimidad y Oración):

¿Demostró o no el comportamiento de Jesús en la Cruz su Fe (Faith) en su Padre?

¿Es o no lo que hizo Jesús por nosotros, Resistencia (Endurance)? Tomando lo bueno, pero a la vez lo malo con todo su corazón.

¿No es esto Amor (Love)? Él murió por nosotros.

¿Es o no esto la máxima expresión de la Luz de Gloria (Light of Glory)?

¿Expresa o no la disposición de Jesús de morir su Obediencia (Obedience)?

Él vino con una misión y la completó al cien por ciento. Él no nos abandonó a final a pesar de todo lo que hería su corazón.

¿Puede usted decir que esto no es un acto de Adoración con Sabiduría (Worship with Wisdom)?

¿Siente usted que esta escena nos dice algo sin Hablar (Speech)?

¿No es esta la demostración más grande de Humildad (Humility)?

¿No es esta una manera de expresar intimidad con nuestro Padre en los Cielos (Intimacy)? – que usted pueda pedirle algo sin ningún temor.

¿No es esta una manera de decir una Oración (Prayer) desde lo más profundo de nuestros corazones llenos de gratitud?

El foco de este libro es recordarle que usted tiene que regresar a ese primer amor. Este es uno que le reta a meditar en la relación que usted tuvo con el Todopoderoso en el pasado y compararla con la que tiene al presente.

Tómese su tiempo y piense por un momento siendo honesto con usted mismo. ¿Ha cambiado su relación? ¿Qué hacía usted antes que no hace ahora? ¿Por qué?

Compare ahora su relación presente con la que tendrá en el futuro cuando cruce el Puente hacia la Eternidad.

¿Vale la pena o no el esfuerzo que usted tiene que hacer?

EJERCICIOS CAPÍTULO 10

Por favor, estudie los siguientes versículos:

Isaías 43:18

- 2da de Corintios 2:10

- Juan 3:16

- 1ra de Corintios 2:10

- 1ra de Corintios 12:11

- Efesios 4:30

Capítulo 11

ORACIÓN

"PRAYER"

¿Qué es la oración? Bueno, existen muchas definiciones, incluyendo las siguientes:

1. El Diccionario Merrian-Webster's define "orar" como: "Hablar con Dios, especialmente con el propósito de darle gracias o pedirle algo; tener esperanza o desear mucho algo intensamente. (https://www.merrian-webster.com/dictionary/pray)

2. El Diccionario Libre define "orar" como: "Una petición hecha a Dios, un dios o cualquier otro objeto de adoración". (www.thefreedictionary.com)

3. El Diccionario de Teología define "oración" como "Un privilegio y una obligación del Cristiano con la que nos comunicamos con Dios. Es cómo le transmitimos nuestra confesión, peticiones, intercesiones, agradecimientos, etc. a nuestro Santo Dios. (https://www.biblestudytools.com)

Si usted es creyente, su iglesia debe haberle enseñado que la oración es simplemente hablar con Dios. Es una expresión de nuestra dependencia de Dios y una manera de decirle: "Dios, te necesitamos tanto. No somos nada y no podemos hacer nada sin ti".

Para hablar con el Señor, usted tiene que prepararse. No es como reunirse con un viejo amigo a quien usted no ha visto en mucho tiempo e inmediatamente comenzar a hablarle de tus problemas y planes presentes y futuros. No, es mucho más que eso. Yo considero la oración como nuestra máxima arma para nuestra batalla diaria.

Solo de pensar que uno debe orar, la batalla comienza. Tenemos tantas distracciones e interrupciones – estamos cansados, deseamos leer nuestros correos electrónicos y revisar nuestras páginas en las redes sociales. Podemos pasar horas jugando juegos y viendo televisión, y cuando comenzamos a orar, algunas veces no podemos pasar de diez minutos porque nuestra carne siempre encuentra alguna otra cosa que hacer. Necesitamos hacer que nuestra carne haga lo que nosotros queremos que haga y no al revés. ¿Qué dice Romanos 8:5?

Cuando usted ora, lo primero que usted debe conocer y entender de antemano es quién es usted. La segunda cosa que debe saber es lo que realmente acerca de qué es que usted quiere hablarle a Él. Recuerde, no existen secretos. Él conoce todo aun antes de que usted hable. ¿Está usted preparado para hacer lo que Él le pida hacer como resultado de su oración? Si no puede, lamento decirle que usted está perdiendo su tiempo.

No hay privilegio más grande que ser capaz de hablarle personalmente al Dios Todopoderoso, el Creador de todas las criaturas vivientes.

A lo largo de la Biblia, podemos ver que los hombres y mujeres más exitosos sacaban de su tiempo para orar.

En el Antiguo Testamento, en cualquier versión de Biblia algunos de estos son:

- Abraham, un amigo de Dios y un hombre de oración. (Génesis – Capítulos del 12 al 15)

- Daniel, quien pidió a nombre de su nación. (Daniel 9:4-19)

- David, quien pidió dirección y protección. (Salmos 25, 38, 86, 130 y muchos otros más)

- Isaías, quien pidió ayuda. (Isaías 63:15-16)

- Hannah, quien pidió por un hijo. (1 Samuel 2:1-11)

- Jabez, quien pidió bendiciones. (1 Crónicas 4:9-10) En el Nuevo Testamento, están:

- Pedro, quien pidió ayuda en su bien conocida brevísima oración. (Mateo 14:30)

- Pablo, quien pidió revelación, espíritu de sabiduría y fortaleza interna para poder realizar su tarea. (Efesios 1:17-23, Efesios 3:14-21)

- Jesús, quien enseñó a otros a orar e intercedió por Pedro. (Mateo 6:9-13, Lucas 22:39-46)

¿Qué tenían todos ellos en común? Todos tomaban su tiempo para orar. Ellos no hacían oraciones de tres minutos al día. Sus oraciones no eran del tipo: "Hola Señor. Por favor, cuida de mí, mis seres queridos y mis bienes. Gracias por adelantado. Adiós". Todos estos hombres y mujeres entendían a quién dirigían sus oraciones. Ellos oraban con respeto, reverencia y amor, y descansaban en la confianza que sus oraciones serían contestadas.

Nuestro amoroso Dios contesta nuestras oraciones de distintas maneras:

- Inmediatamente (Esto es un "Sí").

- En un período de tiempo específico o a través de una lección futura (Conlleva período de espera).

- Él tiene un mejor plan para usted (Esto es un "No" definitivo).

Necesitamos desarrollar una relación fuerte con el Señor. Esta es la única forma que ganaremos intimidad con Él. Ocasionalmente, usted puede experimentar que sus oraciones son contestadas de inmediato – tal vez terminando la oración y está alguien tocando a su puerta con la solución que estaba esperando.

Otras veces, usted no está listo para recibir y el Señor necesita preparar su "tu interior". Sí, algunas veces pedimos y pedimos, pero pedimos incorrectamente o cosas que no nos conviene y Él lo sabe. Él sabe que si nos da lo que pedimos podríamos creernos que nos merecemos todo o podríamos ser lastimados. Por qué, si nos responde de inmediato, probablemente no apreciemos su dádiva de la manera que deberíamos.

Es como cuando niños íbamos a las tiendas con nuestros padres. Queríamos cada uno de los juguetes más populares que estuvieran en las góndolas. ¿Pero, nos complacían nuestros padres? Lo más probable, no. Ellos esperaban una ocasión especial. ¿Quién sabe el motivo? Probablemente, un cumpleaños, un excelente reporte de calificaciones escolares o tal vez Navidades. Bien, nuestro amadísimo Dios es exactamente igual.

Cuando llega el momento en que queremos pedir algo, lo queremos tener de inmediato – ahora. Eso no funciona así. Debemos cultivar paciencia para ser bendecidos. Dios sabe lo que es bueno para nosotros y que nos puede hacer daño. Él conoce nuestro pasado, presente y futuro, y sabe exactamente cuándo darnos algo bueno. Como le digo a mi hija: todas sus decisiones son las mejores. Todo lo que usted tiene que hacer es orar de manera que pueda recibir en su corazón cualquier cosa que Él quiera darle cuando Él quiera dársela.

Nosotros no conocemos nuestro futuro. Algunas veces hasta no sabemos lo que queremos o lo que es mejor para nosotros. Pero, el Señor lo sabe. Él sabe lo que es lo mejor. ¿Ha deseado usted algo con mucho deseo y nunca lo recibió, pero pasan algunos años y de súbito, cuando usted no lo esperaba, recibe lo que había deseado hace mucho tiempo? Él conoce el tiempo perfecto y Él siempre le dará algo mejor a usted de lo que usted pidió. Esto es algo verdaderamente impresionante.

Una oración debe tener al menos cuatro partes. Usted comienza alabando al Señor por quién Él es y lo que ha hecho por usted. Piense en todas las cosas buenas que Él le ha dado y, por favor, no olvide las cosas malas también, por qué Él hace todo con un propósito. Alábelo usando sus nombres de acuerdo con el propósito de su oración. Si usted mira a lo largo de la Biblia, usted encontrará cientos de nombres dados a Él.

He aquí alguno de los que encontramos en el Antiguo Testamento:

- Yahweh o Jehovah – nombre de Dios en hebreo. (Deuteronomio 6:4 y Daniel 9:14)

- Adonai – Mi Señor. (Génesis 15:2)

- Elohim – Dios Creador, Poderoso y Fuerte. (Génesis 17:7 y Jeremías 31:33)

- El Shaddai – Dios Poderoso. (Génesis 49:24)

- Yahweh Jireh – El Señor proveerá. (Génesis 22:14)

- Yahweh Rapha – El Señor quien sana. (Éxodo 15:16)

- Yahweh Nissi – El Señor nuestra bandera. (Éxodo 17:15)

- Yahweh Shalom – El Señor nuestra paz. (Jueces 6:24)

También en el Nuevo Testamento encontramos otros nombres de Dios:

- ABBA – Padre. (Marcos 14:36, Romanos 8:15, Gálatas 4:6)

- Dios Todopoderoso – El Shadai. (Revelación 15:3; 19:6, Corintios 6:18)

- Yahweh-Tsidkenu – El Señor de la Justicia. (2da Corintios 5:21)

- Juez – Él es quien es el Juez del Mundo. (Hebreos 12:23)

- Rey (1ra Timoteo 1:17)

- La Luz (Juan 8:12, Revelación 22:5)

- Roca (Salmo 94:22, 62:7; 2da Samuel 22:47)

Hay muchos otros nombres que usted puede encontrar en la Biblia, pero también usted puede buscar en la internet nombres adicionales, los que son provistos con sus significados. *"Los Nombres de Dios: Una Guía Ilustrada"*, por George W. Knight (Barbour Books, diciembre 2009) es un libro maravilloso que contiene más de 250 nombres utilizados a través de la Biblia para identificar a Dios nuestro Padre, Jesús el Hijo y el Espíritu Santo.

Existen muchas maneras de las que usted puede acercarse a Dios en su oración. Llámelo por los nombres que usted sienta son más significativos para usted. Por ejemplo, dígale: Mi Señor, tú eres mi Roca, mi Luz. Tú eres mi Yahweh Jireh. Tú eres mi Yahweh Nissi". Exprésele su amor y gratitud, pero lo más importante, sea sincero.

La segunda parte de una oración debe ser su confesión. No somos perfectos y todos los días pecamos. Bueno este es el momento de pedirle perdón a Dios. Algunas veces pecamos y ni siquiera nos damos cuenta. Pídale a Dios que le revele a usted su pecado de manera que no lo vuelva a cometer. No trate de guardar secretos con Él, porque esto es una pérdida de tiempo. ¿Qué puede usted hacer o decir que Él ya no sepa? Pídale al Espíritu Santo que le ayude a superar su problema, duda, miedo o ansiedad. Recuerde, ¿cómo puede usted tener una relación íntima con alguien si usted no tiene el tiempo para hablarle o si usted no le es sincero o sincera? No esconda nada a Dios, todo lo que Él quiere es que usted se lo diga. Es así como desarrollamos una relación, nos vinculamos y adquirimos confianza.

Por ejemplo, usted está conociendo una persona y ve la posibilidad que su relación puede convertirse en algo más o quizás usted está enamorándose. Usted quiere estar hablando con esa persona por teléfono todo el tiempo. Piensa en ella todo el tiempo. Habla de esa persona a los demás todo el tiempo.

La tercera parte de la oración puede ser solo agradeciéndole a Dios todas las cosas buenas y malas – por usted, su salud, su familia y amigos, sus bienes, su iglesia, su trabajo, su comunidad. Siempre incluya a los políticos y ejecutivos senadores y representantes de todos los partidos porque ellos son los que aprueban y revocan la legislación en nuestros países. Agradézcale a Dios por todo y por todos. ¿No le ha dado Él la oportunidad a usted de tener todas estas cosas? Ahora es el tiempo de agradecerle y ser agradecidos.

Y, la cuarta puede ser la súplica. Aquí es que hacemos las peticiones especiales para nosotros – un nuevo trabajo, un bebé, un carro nuevo. Termine su oración pidiéndole que se haga la voluntad de Él, no la suya y ofrezca la oración en nombre del Padre, el Hijo y el Espíritu Santo. Amén.

He aprendido que Satanás también conoce acerca de la oración. Él sabe el poder que usted tiene en la oración y sabe que nuestro Padre la escucha. En la Biblia podemos ver el poder en la oración de Moisés cuando le levantan sus manos mientras batallaba para conquistar la Tierra Prometida. En otro ejemplo, Zacarías e Isabel oraron por un hijo. La respuesta a sus oraciones fue Juan el Bautista. En el Nuevo Testamento podemos encontrar dos oraciones de Jesús. Una nos enseña como orar. La otra fue la oración que dijo Jesús en el Jardín de Getsemaní antes de su crucifixión. Practicar la oración nos dará crecimiento espiritual, lo que hará nuestras vidas más productivas.

A mi entender, hay cuatro tipos de oración:

- Sumisión – tenemos que entender que nosotros le debemos a Él, no Él a nosotros. Sea usted mismo y no trate de impresionarlo. Recuerde que Él lo sabe todo y puede ver en lo más íntimo de su corazón.

- Intercesión – Necesitamos mediar por alguien que sabemos no puede hacerlo solo. Jesús hizo esto por Pedro. (Lucas 22:31-34).

- Petición – Pedimos algo específico para nosotros o para otros.

- Gratitud – Damos gracias a Dios sin pedir nada, solo agradecemos a Dios por lo que ha hecho, lo que hace y lo que hará.

Recuerde, mientras más oramos, más nuestra carne se somete a Dios. Como resultado, habrá más bendiciones de camino para nosotros. Los hombres y mujeres que no oran no pueden ganar las batallas diarias de la vida. Así que tomémonos tiempo para orar.

Capítulo 12

KOINONÍA TOTAL

"FELLOWSHIP"

P ara que un mecanismo, por ejemplo un reloj, funcione, los elementos que lo componen tienen que funcionar en armonía o sincronización. La función de un reloj es dar la hora. Un reloj se compone de una esfera, dos manecillas, un secundario y el mecanismo interno. Si uno de esos componentes falta o falla, el propósito del reloj no se logra. Asimismo, para que nuestra koinonía con Dios el Padre funcione efectivamente, todos los elementos que componen el acrónimo "fellowship" deben también estar sincronizados.

Comienza el tic-tac del reloj.

A través de los capítulos previos de este libro le he explicado algunos conceptos cristianos representados por cada una de las letras del acrónimo "fellowship". Para recapitular vamos a recordarlos: Fe, Resistencia, Amor, Luz de Gloria, Obediencia, Adoración, El Hablar, Humildad, Intimidad y Oración.

La **Fe** es la base de todo, pues entiendo que debe ser lo primero que uno debe de tratar de obtener. ¿Cómo consigo tenerla? Pues, la Santa Biblia dice que la Fe viene por el oír. ¿Qué vamos a oír? Pues La Palabra de Dios de muchas maneras, tales como predicaciones de sana doctrina, música que alabe a Dios, que añadan y no le resten a tu espíritu, lectura de la Biblia en voz alta, rétese a leer dos o tres capítulos de los Proverbios o los Salmos diariamente. Léalos con entendimiento y con deseo de saber más y hágase un recorrido en su corazón. Trate de imitar lo que lea, o simplemente comience a leer la Biblia desde su principio. Otras maneras de aumentar su fe son escuchando testimonios y leyendo libros cristianos y estudios bíblicos. Ver y entender las maravillas que Dios hace a diario son cosas que se deben observar.

Esto te ayudará también a **resistir** las tentaciones que nos vienen a diario, a estar preparado para cuando vengan las tribulaciones, dudas o enfermedades. No espere tener la montaña encima de usted para tratar de resolver la situación. Estar preparado en todo momento es apremiante para todo cristiano. Nuestro enemigo Satanás siempre está muy pendiente de ti, para cuando tú dejes de resistir y bajes tu guardia, por ahí mismo entra y te devora. Resistir no es fácil, todo lo contrario. Tienes que levantarte cada mañana y orar al Señor para que te cuide de tentaciones y te dé la sabiduría necesaria para quitarlas de tu interior.

El **amor** es muy importante ya que es un mandato de Dios, amarnos unos a los otros como a nosotros mismos. Yo sé que es difícil amar hasta a nuestros enemigos, pero tenemos que entender que Jesús amó hasta a los enemigos, pues estando en la cruz, desde ahí dijo: "Padre – dijo Jesús -, perdónalos, porque no saben lo que hacen" (Lucas 23:34 NVI). Recuerden, Él recibió traición de uno de sus discípulos y otro lo negó tres veces; ambos habían caminado con Él por espacio de tres años. El pueblo que lo aclamaba, precisamente la semana antes, ahora estaban allí, escupiéndole, azotándole, maldiciéndole y hasta le pusieron una corona de espinas como burla. Y con todo,

Él mostró su amor por la humanidad. ¿Tú, no puedes perdonar? ¿Acaso te consideras mejor que Jesús? Olvida tu orgullo, eso no te llevará a ningún lugar. Pídele fuerza y dominio propio al Señor para que te ayude a perdonar aquella persona que te hirió, traicionó, te robó, te humilló o destruyó tu reputación, lo que fuera. La Biblia dice en Los Evangelios que le preguntaron a Jesús que cuantas veces él tenía que perdonar. ¿Sabes que le contestó, verdad? Setenta veces siete, en otras palabras, siempre.

Y sigue el tic-tac del reloj.

La **luz de gloria** está a nuestro alrededor. Pero, muchas veces estamos tan ciegos que no lo vemos. Dios siempre está pendiente de ti. Aunque tú no le busques, Él está siempre disponible 24-7 para ti. Él es tu creador y hacedor, es tu padre. Cuando nos duele algo o simplemente estamos pasando por alguna tribulación, o cuando recibimos una noticia tanto buena como mala exclamamos: "¡Oh, Santo"! Hasta nuestro espíritu clama. Todos los días recibimos tantas bendiciones. Vemos grandes y pequeños milagros, como cuando nos enteramos que un niño/niña no muere de alguna enfermedad o fue curado de cáncer. Para ver la luz de gloria o la gloria de Dios no tiene que ser algo grande, porque las cosas pequeñas también glorifican a Dios.

Debemos ser **obedientes**. A través de la Biblia hay un sinnúmero de personajes que fueron desobedientes y esta desobediencia le salió muy cara. Tenemos al rey Saúl cuando consultó a una pitonisa y también tomó el lugar del sacerdote para bendecir al pueblo. Igualmente, el rey David envió a matar a su mejor soldado y cometió adulterio. Sansón dio su corazón a una mujer que no era de su pueblo, ya que él era nazareno y estaba prohibido actuar de esa manera. Hay otros, pero lo importante aquí es ser obediente a las normas establecidas por Dios.

¿Somos agradecidos y **alabamos** en espíritu y en verdad? Cuando Dios nos quita algo, ¿lo aceptamos de corazón o lo guardamos en una esquinita de éste? Cuando se guarda el odio, resentimiento y la falta del perdón, esto provoca raíces de amargura que nos cambian sin uno darse cuenta. Nos afecta emocional y espiritualmente. Todo, absolutamente todo, en nuestra vida se torna negativo. Debemos alabar a Dios por quién es y no por lo que nos da o nos puede dar. Si Él permite que tengamos alguna tribulación, Él te dará la solución. Una vez escuché esta metáfora: el parabrisas de un auto es grande, pero el retrovisor es pequeño, siendo el auto representativo de nuestras vidas. Esto es así para que nosotros podamos ver lo menos posible de nuestro pasado que nos atormenta y cambia nuestras vidas mayormente para mal. Pero, al ver hacia adelante, podemos ver que tenemos una amplia gama de soluciones y posibilidades para un nuevo comienzo. ¿Cómo podemos ver lo que Dios tiene para nosotros, si a pesar del tiempo transcurrido aún seguimos mirando hacia atrás? ¿Recuerdas lo que le pasó a la esposa de Lot por mirar hacia atrás? Vamos a alabar con sabiduría a ese Dios Todopoderoso y ser agradecidos pues Él habita en la alabanza.

Sigue el tic-tac del reloj.

El **hablar** es algo muy delicado. Mucho hablan sin importarle nada. Pero, como dice la Palabra de Dios: "De la abundancia del corazón, habla la boca" Mateo 12:34

(NVI). También hay un decir que dice que "Uno se ata por lo que dice". Es mejor como dice en Santiago 1:19 (NVI): "Mis queridos hermanos, tengan presente esto: Todos deben estar listos para escuchar, y ser lentos para hablar y para enojarse".

Recuerden hermanos que con tan sólo una palabra se puede cambiar la vida de una persona, tanto para bien como para mal.

La humildad debe ser una de las características de un cristiano. Jesús fue humilde y nos lo enseña en los Libros de Lucas 22 y Juan 13. Yo creo que cualquiera hubiera lavado los pies de Jesús, pero fue todo lo contrario. Jesús se dispuso a lavar los pies de los discípulos. Ninguno quería, ¿por qué? Bueno, en esa época las condiciones de polvo, sucio y el uso de sandalias hacían necesario el lavamiento de pies. Este lavamiento lo ejecutaba el siervo del nivel más bajo, o en otras palabras el más insignificante. Los que eran del mismo nivel no se lavaban los pies entre sí. Jesús fue humilde en lavar los pies de sus discípulos. Y lo hizo precisamente antes de la última cena.

Que rico es sentirse amado, deseado y valorado por la persona que amas. Sentir sus cuidados, sus caricias, su amor y su entrega. Una relación sincera, sin secretos y de confianza. Pues eso mismo debemos sentir cuando cerramos la puerta de nuestra habitación y estamos por los menos una o dos horas a solas con nuestro Dios, en la **intimidad**. Aunque sea un solo día en la semana, sin pedirle nada. Sólo hablarle y agradecerle por todo. Personalmente, yo ansío que llegue el sábado en la noche. Una koinonía total es lo más hermoso que podrás sentir, es incomparable e indescriptible. Se puede sentir el calor de sus abrazos, hasta sus caricias. No permita que una llamada telefónica, una película o comunicación en las redes te quiten esa experiencia de escuchar a tu Dios, a sentir a tu Dios y Padre. Él lo sabe todo y sabe lo que tú necesitas, Él solo quiere que tú se lo digas. Dale tu tiempo, tanto para hablar con Él, como para escucharlo.

Recuerden siempre de orar, ese es el puente entre nosotros y Dios. Una **oración** para que sea efectiva debe ser sincera y siempre tener presente delante de quien estás. Sea sincero cuando pidas algo, no escondiendo su verdadera intención. Pero, lo más importante es pedirle que por más que tú desees algo, que se haga solamente su voluntad y no la tuya. También debes estar dispuesta o dispuesto a hacer y aceptar lo que Él te diga que hagas. Hermanos, las oraciones no son solo para pedir, sino también para buscar a Dios y expresarle cuanto lo necesitas.

No permitas hermano que el tic-tac de tu reloj se detenga.

Esperando en el Dios Todopoderoso que este libro le haya recordado, instruido y arreglado lo que en su vida se haya trastocado. Que le sirva para su crecimiento espiritual y vera que con la práctica de los principios aquí expresados lograrás establecer una koinonía perfecta con el Señor desde ahora hasta la eternidad. AMÉN.

CPSIA information can be obtained
at www.ICGtesting.com
Printed in the USA
BVHW031019280220
573638BV00006B/30

9 781973 682424